René Dick

Die Post-Werbestempel im Deutschen Reich
von 1872 bis 1945

Vorwort

Wie es der Namen schon sagt, wurde und wird mit Werbe- oder Maschinenwerbestempeln für etwas geworben oder auf etwas aufmerksam gemacht. Hierbei wurde/wird in den Postämtern neben dem normalen Tagesstempel ein Werbestempel angebracht. Der sogenannte „Maschinen-werbestempel" wir heutzutage in den Postzentren mit dem angesprochenen Maschinen- und dem Tagesstempel gleich direkt mit der Sortiermaschine auf den Briefumschlag aufgebracht. Die Maschinenwerbestempel werden aber auch durch eine Frankiermaschine z.B. Francotyp, neopost oder telefrank, in großen und kleinen Firmen auf das Briefcouvert oben rechts zusammen mit dem Tagesstempel versehen. In dieser Publikation stelle ich der/dem geneigten Leser/in die Werbestempel aus dem Deutschen Reich mittels Abbildung vor. In der Einleitung beschäftige ich mich mit der Definition und den Hintergründen zu den verschiedenen Poststempeln. Als Philatelist bin ich immer an der Erforschung unseres schönen Hobbys interessiert. Ich habe nicht den Anspruch, daß meine kleine Enzyklopädie vollständig ist. Vielmehr werde ich im Laufe der Zeit meine Enzyklopädie immer mit den neuesten Forschungsergebnissen in neuen Auflagen ergänzen. Und nun wünsche ich Ihnen viel Spaß bei ihrer Sammel-leidenschaft und unserem wichtigen Hobby!

Stempel (Papier)

Antiker Stempel; Nekropole von Medulin-Burle, Istrien, 1.–4. Jh. n. Chr. "(Eigentum von) Aquillia Oclatina"

Buchungsstempel

Ein **Stempel** oder auch **Stampiglie** ist ein Werkzeug, das auf der einen Fläche mit erhabenen oder vertieften Figuren, Buchstaben und dergleichen versehen ist, um mittels *Stempelkissen* aufgetragener Farbe die Figur aufzudrucken oder sie in eine weichere Masse einzudrücken, wie beispielsweise die Prägestempel für Münzen und Medaillen. Auch das mit einem solchen Werkzeug aufgedrückte Zeichen, das als Merkmal der erprobten Güte einer Ware, ihres Ursprungs oder einer bezahlten Abgabe dient, wird als **Stempel** oder auch als Stempelabdruck bezeichnet.

Verwendung

Stempel haben zwei wesentliche Funktionen:

1. Sie dienen der Vereinfachung der Schreibarbeit. In einem Arbeitsschritt lassen sich Texte zu Papier bringen, für die man handschriftlich wesentlich länger brauchen würde, beispielsweise die Adresse eines Unternehmens, das aktuelle Datum oder den Preis des zu bestempelnden Gegenstandes.
2. Schwer zu fälschende, meist runde Stempel dienen der Beurkundung, ähnlich der Unterschrift oder dem Siegel.

Im Zahlungsverkehr wird der Stempel (eigentlich: die Stempelung) als Mittel benutzt, um bequem und kostengünstig eingezogene Entgelte, Gebühren und Steuern zu quittieren (Gebührenstempel, Steuerstempel). Solche Gebührenstempel sollen zuerst im verkehrsreichen Holland (seit 1624) in Gebrauch gekommen sein. Sie sind überall dort anwendbar, wo der Zahlungspflichtige ein Schriftstück über die Zahlungen überreicht oder empfängt. In diesen Fällen können sowohl Stempelbogen (gestempeltes Papier) als auch aufzuklebende Stempelmarken benutzt werden. In anderen Fällen bedient man sich auch gestempelter Umschläge (Banderolen, z. B. bei Tabakverpackungen), die vor Gebrauch zerrissen werden, während der Stempelbogen durch das Beschreiben, die Stempelmarke durch Durchstreichen oder Ausdrücken eines Zeichens für weitere Verwendungen unbrauchbar gemacht (nullifiziert, kassiert) wird. Außerdem kann auch ein Gegenstand (z. B. Edelmetall, Zeitung, Kartenspiel, Zigaretten und Zigarrenpackungen, Sektflasche, Schnapsflasche, geeichte Weinfässer etc.) unmittelbar durch Aufdrücken des Stempels gestempelt und damit der Beweis der Steuer- oder Gebührenzahlung geliefert werden. Ein Beispiel für eine Anwendung von Stempeln im Zahlungsverkehr ist das Entwerten von Stempelpapier ab 1608 und 1624, folgend Stempelmarken durch den Papieraufschlagsstempel, Steuerstempel, Gebührenstempel, Dimensions-stempel, Fixstempel, Steuerbanderole oder Briefmarken durch den Poststempel. Eine weitere weit verbreitete Anwendung des Stempels ist die Kennzeichnung von Besuchern, die bei gebührenpflichtigen Veranstalt-ungen z.B. in Diskotheken ihren Eintritt bezahlt haben. Hierfür erhalten sie eine Stempelung auf die Hand, die auch aus lediglich unter UV-Licht sichtbarer Spezialfarbe bestehen kann. Dieser Stempel berechtigt im Regelfall zum wiederholten Betreten der Veranstaltung ohne erneute Zahlung des Eintrittsgeldes und wird vom Türsteher an der Kasse kontrolliert. Zur Entwertung von Eisenbahnfahrscheinen wird auf diesen ein Stempel in Form eines Zangenabdrucks aufgebracht.

Herstellung

Stempelplatten werden in der Regel entweder aus flüssigem Fotopolymer oder Gummi mit unterschiedlichen Fertigungstechniken hergestellt.

Lasertechnik -Die jüngste Technologie auf dem Stempelmarkt ist die Lasergravur, bei der aus einem Gummirohling der Text mittels eines Laserstrahls an den nichtdruckenden Stellen der Stempel- oder Textplatte freigeschnitten wird. So bleiben die Buchstaben erhaben stehen, und nichtdruckende Bereiche werden weggebrannt oder verdampft. Anschließend wird die Stempelplatte mit einem doppelseitig klebenden Moosgummi unterfüttert, ausgeschnitten und dann auf das entsprechende Medium (Holzstempel oder selbstfärbender Stempel) aufgeklebt.

Fotopolymer -Bei der Fertigung mit Fotopolymer wird das zähflüssige Polymer auf eine Trägerfolie aufgestrichen. Über einer transparenten Schutzfolie wird ein Negativfilm aufgelegt, bei dem die später druckenden Bereiche durchsichtig sind. Durch eine jetzt folgende UV-Belichtung härten die belichteten Stellen im Polymer aus, die unbelichteten Bereiche bleiben jedoch flüssig. Diese nichtdruckenden Bereiche können anschließend ausgewaschen werden. Den Abschluss bildet eine Nachbelichtung und eine mechanische Weiterbearbeitung wie beim Gummistempel.

Schaumstoffbelichtung -Das Stempelkissen dieses Stempels liegt hinter dem Stempelklischee aus mikroporösem Spezialschaumstoff, der nur an den unbelichteten Stellen farbdurchlässig bleibt. Die belichteten Stellen sind farbundurchlässig. Drückt man den Stempel ab, wird die Stempelfarbe durch die farbdurchlässigen Stellen der Textplatte hindurch auf das Papier abgegeben.

Anwendungen

Es gibt eine Vielzahl verschiedenster Stempeltypen. Das Stempellexikon des Flexografen-Verbandes bezeichnet mehr als 300 verschiedene Stempelwaren und Stempelgeräte. Als Beispiele für die unterschiedlichsten Stempelvarianten seien genannt:

Rollstempel - bei dem Rollstempel ist die Stempelplatte (mit Text oder Motiven) auf einer Rolle befestigt. Dadurch wiederholt sich der Text fortlaufend beim Abrollen des Stempels auf dem Druckmedium. Die Farbübertragung erfolgt durch eine getränkte Farbwalze, die die Stempelplatte selbsttätig einfärbt. Rollstempel gibt es in Ausführungen mit und ohne Rücklauf. Der Rollstempel kann mobil zum Bedrucken von Verpackungen mit Versandvermerken oder Firmenzeichen eingesetzt werden. Auf den verschiedensten saugenden Materialien wie Pappe, Holz oder Mineralstoff erhält man schnell randscharfe und deutliche Kennzeichnungen.

Bänderstempel - Bänderstempel bestehen aus einem Metall- oder Kunststoffgehäuse und den vulkanisierten Gummibändern. Kunststoffrollen transportieren die gestrafften Bänder über einen Steg. Bänderstempel kommen vor als Alphabet-, Datum-, Doppel-, Preisauszeichnungsstempel, Signier-, Uhrzeit-, Wortband-, und Ziffernstempel.

Brennstempel - Brennstempel dienen zur Markierung von Holz, in Form von Kisten, Paletten, Fässern etc., aber auch zur Markierung von Kunststoffen und Leder. Sie werden mit festen oder auswechselbaren Klischees aus Messing oder Bronze geliefert. Die Heizelemente wurden früher im offenen Feuer oder mit Propangas beheizt, heutzutage meist elektrisch mit Temperatur-Regelung.

Paginierstempel - Ein Paginierstempel ist ein Metallstempel mit automatisch schaltenden Zahlen zur Erzeugung fortlaufender Seitenzahlen bzw. für eine fortlaufende oder wiederholende Nummerierung, d.h. er zählt aufgrund seiner inneren Mechanik nach jedem Abstempeln die Zahl hoch. Das Stempelkissen ist integriert und wird nach jedem Stempelabdruck auf den Stempel gedrückt. Einige Modelle unterstützen weitere Zählweisen: Ein Schaltsystem stempelt die Ziffernkombination 1, 2, 3 und 4-mal wieder-holend, ein anderes Internationales-Schaltsystem 1, 2, 3, 4, 6 und 12-mal wiederholend. Andere Paginierstempel bieten Optionen wie z.B. das Weglassen führender Nummern bzw. Nullen. Durch entsprechendes Ausschalten des Schaltmechanismus kann auch immerwährend die gleiche Zahl gedruckt werden. Paginierstempel können auch mit einem Klischee kombiniert werden.

Permastempel - Permastempel gehören zur Gruppe der vorgefärbten Stempel (*Pre-Ink*) und benötigen dementsprechend kein Stempelkissen. Daraus ergibt sich eine sehr hohe Konturenschärfe, da kein störendes Raster von der Stempelkissenoberfläche übertragen wird. Das Gehäuse des Permastempels bietet Einstellmöglichkeiten für die Abdruckstärke und dem vorgefärbten Klischee, welches ins Gehäuse eingeklebt ist. Das Klischee wird aus einer Mischung von Kunststoffplastizol und der gewünschten Stempeltinte zusammengesetzt. Durch die Erhitzung dieser Mischung entsteht ein festes mikroporöses Gel, in welchem die Tinte eingelagert wird. Durch Druckausübung auf das Gel tritt etwas Farbe aus, welche auf das Papier übertragen wird. Durch Montage verschiedenfarbiger Klischeeteile in einem Stempelgehäuse können auch mehrfarbige Abdrucke erzeugt werden. Permastempel beinhalten Tinte für etwa 20.000 Abdrucke und können durch Nutzung einer speziellen Regeneriertinte wieder verwendet werden.

Sonderstempel

Sonderstempel (ähnliches Motiv wie Briefmarke zu 30 Pfennig vom Sonderpostamt Kiel 1972)

Sonderstempel sind alle amtlich anerkannten Poststempel zur Entwertung von Briefmarken, die nur bei einem bestimmten Anlass verwendet werden. Ein Sonderstempel wird bei der Poststellen oder für Post aus einem Briefkasten der Veranstaltung abgeschlagen. Das kann für einen Tag oder für die Dauer der Veranstaltung sein. Auch können mehrere Stempel während einer Veranstaltung, auch an verschiedenen Tagen zur Verwendung kommen. Für Sammler behält das leitende Postamt den Sonderstempel gewöhnlich noch einige Tage zu Nachstempelungen bereit. Der erste bekannte Sonderstempel wurde in Großbritannien anlässlich der *International Exhibition* 1862 herausgegeben. In Deutschland gilt als erster Sonderstempel der, der aus Anlass der *Kölner Ausstellung* 1875 benutzt wurde. Seit 1934 gibt in Deutschland, auch für Sonderstempel, eine Stempelnorm des Reichspostzentralamts der Reichspost (1934), des Instituts für Post- und Fernmeldewesen der Deutschen Post der DDR (1955) und des Posttechnischen Zentralamts in Darmstadt (1957). In der Folgezeit erschienen Änderungen. So 1962 zur Einführung der Postleitzahlen, 1971 zur Einführung von Sonderstempeln auch in Ovalform, usw.

Man unterscheidet in Deutschland „allgemeine Sonderstempel" und „besondere Sonderstempel".

- Allgemeine Sonderstempel können gegen Entgelt beantragt werden.
- Besondere Sonderstempel werden hingegen ausschließlich zu staatstragenden Anlässen (Wahl des Bundespräsidenten) oder Jubiläen (50 Jahre Bundesrepublik Deutschland) angefertigt.

Bei der Gestaltung gelten strenge Vorschriften bezüglich Raster, Schriftart und Schriftgröße. Für die postalischen Angaben (Ortsbezeichnung, Postleitzahl und Datum) muss eine genormte Schrift verwendet werden. Sonderstempel haben in der Bundesrepublik Deutschland meist eine ovale Form, seltener sind runde Formen (außer bei Ersttagsstempeln). Seit Anfang der 2000er Jahre häufen sich in Deutschland auch Wappenformen. Seit 2005 wurden die Vorschriften hier etwas gelockert und es gibt nun auch rechteckige Formen. Die Anzahl der Sonderstempel ist wegen ihrer Vielfalt unüberschaubar groß.

Sonderstempel des Pressezentrums in Kiel, Olympische Spiele 1972

Abbildung von Georg „Schorsch" Scheu auf einem **ovalen Sonderstempel** der Stadt Alzey anlässlich des 80-jährigen Jubiläums der Landesanstalt für Rebenzüchtung 1989.

 Sonderstempel in Form eines <u>Römers (Weinglases)</u>
Stempeldaten: 3550 <u>Langenlois</u> 15. August 1973

 Sonderstempel in Form eines **abgerundeten Rechteckes**

Literatur

- Anlage zur Amtsblatt Vewrfügung 155/1931
- 1935 Deutsche Reichspost, Reichspostzentralamt, Stempel Einteilung, Inschrift, Schnitt RPZ 427481/1
- 1957 Deutsche Bundespost, Posttechnisches Zentralamt Ref. 1 B, Tagesstempel PTZ 1341.03, Ersatz für RPZ Normblatt 427482/1
- 1962 Deutsche Bundespost, Posttechnisches Zentralamt Ref. I H, Vorläufige Bestimmung über Tagesstempel von 28,5 mm Durchmesser mit neuer Postleitzahl, Stempelbilder, Inschrift, Schnitt
- 1966 Deutsche Bundespost, Posttechnisches Zentralamt Ref. I H, Ergänzungsblatt zu den vorläufigen Bestimmungen über Sonderstempel und Werbestempel, Nachfolger von Ausgabe Januar 1962, Stempel ohne Außenkreis bedingt möglich
- 1971 Deutsche Bundespost, Posttechnisches Zentralamt Ref. A 16, Sonder und Werbestempel, Bestimmungen, Nachfolger von 1962, Vollständige überarbeitet, Sonderstempel in Ovalform aufgenommen.
- 1978 Deutsche Bundespost, Posttechnisches Zentralamt Ref. A 16, Sonder und Werbestempel, Bestimmungen, Nachfolger von 1971, Änderung: Werbestempel in Ovalform jetzt bedingt zugelassen
- Harry Boog: "Die Stempel vom Postamt Blankenburg/Harz", 1808-

2002. ISBN 3-927828-61-0. darin: 1955 Deutsche Post der DDR, Institut für Post- und Fernmeldewesen, Tagesstempel, IPF 427482/1, S.14, 51 und 55, Ersatz für RPZ Normblatt 427482/1

Poststempel

Ein **Poststempel** oder kurz **Stempel** ist ein farbiger Abschlag des gleichnamigen Gerätes auf eine Postsendung, der üblicherweise Ort, Datum und Uhrzeit des Posteingangs dokumentiert und eventuell vorhandene Briefmarken dadurch entwertet. Poststempel werden üblicherweise für einen längeren Zeitraum verwendet, wobei jeweils das Datum und ggf. die Uhrzeit aktualisiert werden. Poststempel, die nur für einen bestimmten Anlass verwendet werden, nennt man Sonderstempel. Poststempel, deren Datum mit dem Ausgabetag der entwerteten Briefmarke übereinstimmt, nennt man Ersttagsstempel. Weitere mit dem Poststempel aufgebrachte Stempel sind Nebenstempel.

Geschichte

Der früheste bekannte Stempel stammt aus dem Jahre 1449 aus Venedig in Italien. Die Inschrift dieses einfachen Prägestempels mit dem Wappen des Mailänder Grafen *Francesco Sforza* lautete „Mediolarum Cursores" (in etwa „Mailänder Kurier") und könte bereits ein postalischer Hinweis sein. Die Entwicklung des Stempelwesens ist nur sehr schwer zu verfolgen, da bis zur Renaissance fast keine Umschläge erhalten sind. Erst ab Mitte des 17. Jahrhunderts ist eine größere Anzahl Poststempel erhalten. Üblicherweise sollten sie die Schreibarbeit erleichtern, die in der Dokumentation des Postortes und des Eingangs- und Ausgangsdatums bestand. Anfangs gab es üblicherweise nur einzeilige Poststempel mit Ortsangabe. Der erste bekannte Stempel mit zusätzlicher Datumsangabe stammt aus dem Jahr 1661. Spätere Stempel zeigen sogar eine Zeitangabe. Sehr früh entstanden außerdem die sogenannten „Bezahlt"-Stempel, die ein vorausbezahltes Porto bestätigten. Der erste Poststempel dieser Art stammt aus dem Jahre 1681 und wurde in London verwendet. Er trug die Inschrift „Paid One Penny". Auch vom k.k. Postmeister Johann Georg Khumer aus Friesach gibt es einen *modernen* Poststempel aus dem Jahr 1787. Nach der Einführung der ersten Briefmarke im 19. Jahrhundert änderte sich auch der Verwendungszweck der Poststempel. Die Stempelung diente nicht mehr nur als Nachweis der Beförderung des Briefes, sondern wurde auf die Briefmarke *abgeschlagen*, entwertete diese und verhinderte ihre abermalige Verwendung.

Sonderstempel aus Anlass des 25. Lüttringhauser Weihnachtsmarktes 2001

In vielen Ländern, z.B. in Großbritannien wurden und werden Briefmarken mit dem Portrait des jeweiligen Herrschers herausgegeben. Der Postbeamte durfte natürlich nicht dieses Bild durch seinen Poststempel verunstalten. Die Entwertung musste sorgfältig erfolgen. In Spanien wurde 1850 deswegen ein Poststempel in Form eines vierblättrigen Kleeblattes gestaltet, der den Kopf von Königin Isabella auf der Briefmarke lediglich umrahmte.

Mit Poststempeln wird der Weg eines Briefes dokumentiert. In der ersten Hälfte des 20. Jahrhunderts war es durchaus üblich, Briefe sowohl bei der Auflieferung als auch bei der Ankunft am Zielpostamt zu stempeln. Außerdem wurden besondere Beförderungsarten der Postsendung nachgewiesen: z.B. per Luftpost oder Bahnpost. Bestimmte postalische Nebenstempel wie der *R-Stempel* (*Rekommantionstempel*) zeigen an, ob ein Brief eingeschrieben versendet wurde. Ferner wurde auch eventuell einzunehmende Nachgebühr auf Grund einer fehlenden oder ungenügenden Frankatur mittels eigener Stempel angezeigt.

Die Werbefähigkeit des Poststempels wurde immer mehr erkannt, und so entstanden die Sonderstempel, die nur eine begrenzte Zeit auf Grund eines besonderen Ereignisses verwendet werden. Der erste deutsche Sonderstempel wurde 1863 in Leipzig abgeschlagen.

Die Feldpost des Militärs verwendet oftmals *stumme Stempel*. Dies sind Poststempel ohne Orts- und Datumsangabe.

Poststempel in unterschiedlichen Ländern

Deutschland

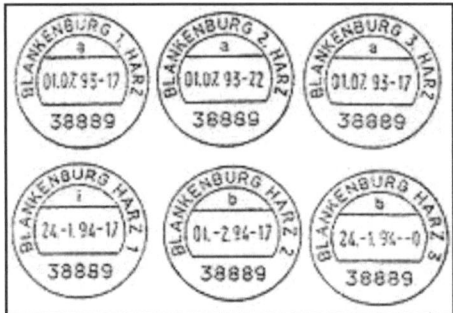

Verschiedene Poststempel aus Blankenburg von 1993 und 1994

Poststempel findet man in Deutschland heutzutage fast ausschließlich in schwarzer Farbe als kreisrunde Einkreis- und Zweikreisstempel. Oben im Kreis befindet sich die Ortsangabe, in der Mitte das Datum und teilweise auch die Uhrzeit, sowie unten die Postleitzahl. Mit der Einführung der Briefzentren verschwand in deren Stempeln allerdings die Postleitzahl, da diese ja den Ort der Aufgabe des Briefes nicht korrekt wiedergegeben hätte, an diese Stelle ist mittlerweile ein Posthorn getreten; das Briefzentrum selber ist aus der Kreisinschrift (Briefzentrum NN) ersichtlich, welche die Ortsangabe ersetzt. Zur Zeit der Einführung der Briefmarken um 1840 wurden jedoch über 200 Stempelformen in verschiedensten Stempelfarben verwendet, die Philatelisten ein weites Betätigungsfeld öffnen. Poststempel enthielten nicht jederzeit und überall Ortsangabe oder Datum. Einen Poststempel ohne Inschrift nennt man „stummen Stempel", einen Stempel mit nur einer zentrierten Nummer Nummernstempel, einen Stempel mit Ortsangabe „Ortsstempel", einen Stempel mit Datumsangabe „Tagesstempel". Die Stempel werden außerdem auch nach ihrer Form benannt: Rechteckstempel, Bogenstempel, Mühlradstempel, Rundstempel, Ein- und Zweikreisstempel usw.

| BLANKENBURG | Einzeilenstempel

- 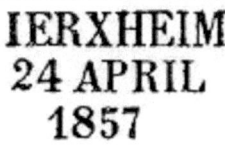 Zweizeilenstempel

 Dreizeilenstempel

Rostrautenstempel

Rechteckstempel

Textstempel, Einzeiler über Bogen

 Rundstempel mit 1 Zeile

 Rundstempel mit Kreis und 2 Zeilen

 Einkreisstempel

 Einkreisstempel mit Sehne für handschr. Datumseintrag

- Zweikreissehnenstempel für handschr. Datumseintrag

- Zweikreisstempel

- Kreisstegstempel mit Bogen oben und unten

- Kreisstegstempel mit Bogen und Stegsegment unten

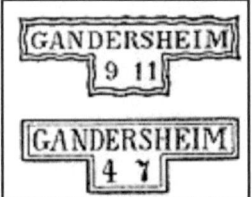 Hammerstempel Gandersheim

 Schnallenstempel Holzminden

 Poststempel der Postfiliale Leipzig 1

 Poststempel der Postfiliale Reichenbach 1

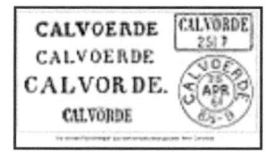

•   Rechteckstempel   mit

Rundstempel

Mit der Einführung der Postleitzahlen veränderten auch die Poststempel ihr Aussehen. Wurde zunächst die Zahl innerhalb des Doppelkreises in Klammern dem Ort vorangesetzt, so rückte nach 1961 die Postleitzahl zentriert in das untere Drittel des Stempels. Mit der Einführung der Briefzentren und der damit verbundenen zentralen Bearbeitung verlor der Poststempel seine Bedeutung als Dokument des Ortes der Einlieferung bzw. des Briefeinwurfes, statt dessen wurde im Bereich der Ortsangabe der Text „Briefzentrum" eingesetzt, welcher von der Nummer (erste beide Stellen der Postleitzahl) ergänzt wurde. Der Bereich, in dem vorher die Postleitzahl gestanden hatte, blieb leer. Seit einiger Zeit sind jedoch in den Briefzentren Poststempel in Benutzung, bei denen an der Stelle, wo früher (und bei an Postschaltern eingesetzten Stempeln auch heute noch) die Postleitzahl eingesetzt war, sich unterdessen ein stilisiertes Posthorn entsprechend dem Logo der Deutschen Post AG befindet. Neben den gewöhnlichen Poststempeln gibt es auch Sonderformen: Dies sind vor allem Schiffs- und Bahnpoststempel, bei denen die Schiffslinie bzw. die Zugnummer im Stempel den Ort ersetzt. Wegen der umfangreicheren Daten sind Bahnpoststempel immer oval und Schiffspoststempel größer als gewöhnliche Poststempel. Für Sendungen, bei denen auf dem Transport im Bahnpostwagen festgestellt wurde, dass die Marken bisher nicht entwertet wurden, gab es besondere Bahnpoststempel mit dem Zusatz „Nachträglich entwertet", da der ursprüngliche Ort der Auflieferung ja nicht mehr feststellbar war. Ebenso verfügten alle Dienststellen mit Zustellung für denselben Zweck über einen Tagesstempel, bei dem der Vermerk „Nachträglich entwertet" vorhanden war.

Österreich

Poststempel in Österreich werden OT-Stempel genannt, wobei OT die Abkürzung für Orts- und Tagesstempel ist. Für die händische Stempelung wird ein Radgangstempels verwendet. Österreichische Briefmarken und Poststempel werden, vor allem bei Erstausgaben, wie auch die Österreichische Post AG betont, als Sammlerobjekte in der ganzen Welt geschätzt. Als weitere Besonderheit sind regionale Postfilialen wie <u>4411 Christkindl</u> oder <u>2671 Küb</u> und die von ihnen abgegebenen Sonderstempel. Die Poststempel werden in Aufgabe (Postfilialen, Sonderpostfilialen und Philatelie.Shops) und Abgabe (Zustellbasen) unterteilt. Es werden jedoch ganzjährig Sonderstempel verwendet. Pro Monat kann man etwa davon ausgehen, dass etwa 10 bis 15 verschiedene Sonderpoststempel zu den verschiedensten Anlässen in Verwendung sind. Weitere Besonderheiten sind Flugpostabfertigungen, Ballonpost, Raketenpost und natürlich auch Bahnbeförderungen.

- Stempel der Postfiliale 1037 Wien, bei dieser Besonderheit handelt es sich um einen „Postdienst"-Brief; Februar 2000.

- Stempel der aufgelassenen Postfiliale 1033 Wien mit 2 verschiedenen Unterscheidungszeichen („s" & „t"); Mai 2000.

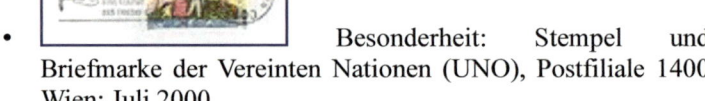

- Besonderheit: Stempel und Briefmarke der Vereinten Nationen (UNO), Postfiliale 1400 Wien; Juli 2000.

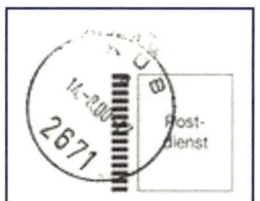 Poststempel der historischen Postfiliale <u>Küb</u>, echt gelaufen; August 2000. Besonderheit: Postdienstkuvert.

 Ankunftsstempel der Zustellbasis 1090 Wien; März 2004.

 Gedruckter Poststempel mit Uhrzeitangabe und Einschreiben

Schweiz

• Stempel der Postfiliale Bern 6;
November 2000.

Poststempel als Sammelobjekte

Sondermarke „100. Geburtstag Egon Eiermann" mit aufgedrucktem „Tagesstempel" vom 8. Dezember 2004 des Philatelie-Service Weiden

Durch die rasche Ausbreitung der Philatelie wuchs auch das Interesse an den Poststempeln auf den Belegen. Es entstanden eigene Spezialkataloge für dieses spezielle Gebiet der Philatelie. Vor allem Poststempel aus der Anfangszeit der Briefmarke und aus vorphilatelistischer Zeit finden große Beachtung. Beliebt sind auch so genannte Heimatsammlungen, die anhand regionaler Poststempel die Postgeschichte der jeweiligen Region dokumentieren, oder aber Poststempel, die eine bestimmte Beförderungsart belegen, so z. B. bestimmte Strecken oder Epochen der Bahnpost, oder Exoten wie Zeppelinpost oder DO-X-Post. Auch Sonderstempel zu bestimmten Themen oder aus bestimmten Orten werden gesammelt. Auf Briefen mit Marken, die am ersten Gültigkeitstag gestempelt wurden, macht der Ersttagsstempel den Brief zum Ersttagsbrief.

Fälschungen

Grundsätzlich lassen sich zwei Arten von Fälschungen von Poststempeln unterscheiden:

- *Falschstempel*: Dies sind gefälschte Stempel auf echten Briefmarken. Bei manchen Ausgaben kommt es nämlich vor, dass gestempelte Briefmarken um ein Vielfaches wertvoller sind als ungestempelte. Dies ist eine willkommene Einladung für Fälscher.
- *Verfälschte Stempel*: Echte, jedoch rückdatierte Poststempel werden auf die echten Briefmarken abgeschlagen. Diese Art der Fälschung ist meist schwieriger zu erkennen als Falschstempel.

Selten findet man auch *Ganzfälschungen*. Dies bedeutet, dass sowohl der Poststempel als auch die Briefmarke gefälscht sind. Da oftmals schwer erkennbare Fälschungen auf dem Markt anzutreffen sind, ist eine Prüfung wertvoller Briefmarken durch einen Briefmarkensachverständigen unerlässlich.

Rechtliches

Vielfach kam und kommt dem Poststempel auch eine rechtliche Bedeutung für die Bestimmung von Fristen zu. So gibt es beispielsweise im Bürgerlichen Gesetzbuch eine Zugangsfiktion, nach der ein Brief drei Werktage nach seiner Absendung als zugegangen gilt, soweit kein anderer Termin des Zugangs nachgewiesen werden kann. Bekannter war „das Datum des Poststempels" aber für die Fristwahrung bei Gewinnspielen (Einhaltung des Einsendeschlusses), wobei durch die neue Formen der Teilnahme diese Bedeutung in den letzten Jahren stark abgenommen hat. War früher neben dem Datum auch zweifelsfrei der Absendeort als rechtlich bedeutendes Detail erkennbar, so ist dies zumindest in Deutschland nur noch dann gegeben, wenn die Abstempelung nicht in einem Briefzentrum erfolgte.

Ersttagsstempel

Westdeutsche Sondermarke der früheren Postversandstelle Bonn mit Ersttags-Sonderstempel

Unter einem **Ersttagsstempel** versteht man einen Poststempel, dessen Stempeldatum mit dem Ersttag der damit entwerteten Briefmarke übereinstimmt.

Geschichte

Bevor das Sammeln von Ersttagsbelegen wie z. B. Ersttagsblatt und **Ersttagsbriefen** sehr populär wurde, galten sie als Raritäten. Sie wurden auf klassischen Ausgaben (bis ca. 1914) eher für philatelistische Forschungszwecke bzw. als historische Belege in Folge von politischen Umbrüchen gesucht (z. B. K&k. Nachfolgestaaten). In Laufe der Jahre entwickelten sich diese Belege immer mehr vom postalischen Nutzen weg zu einem reinen Sammelobjekt. Briefmarken wurden gekauft um sofort entwertet zu werden. Der ursprüngliche Nutzen eines Postbeleges, nämlich durch die Post zugestellt zu werden, ist seit spätestens den 1960er Jahren damit verloren gegangen. Dieser Selbstzweck und die hohen Auflagen führten zu einem totalen Preisverfall.

Varianten

Neben dem Tagesstempel mit Ersttagsdatum nutzen manche Postämter auch besondere Ersttagsstempel, deren Gestaltung einen Bezug zur Briefmarke aufweist.

Deutschland

In Deutschland sind dies die Versandstellen Berlin (Zentrum) und Bonn der Deutschen Post, die zu jeder Briefmarkenneuerscheinung auch einen passenden Sonderstempel herausgeben, der nur am Ersttag verwendet wird, sowie jeweilige Postfilialen mit einen Bezug zum Ausgabemotiv der Briefmarke.

Österreich

Neues Design 26. Januar 1973, „Ersttag", darüber ein großes Posthorn mit Adler, trapezförmig abgerundet

Je nach Art und Ort des Stempels unterscheidet man folgende Arten von modernen Ersttagsstempel:

(Beispiel anhand der Briefmarke „Eröffnung des Anton Bruckner Hauses in Linz", Österreich, 22. März 1974, ANK-Nr. 1465)

- **Ersttag-Tagesstempel**:

Beliebiger Tagesstempel, nur das Datum ist relevant und muss mit dem Ersttag der Marke übereinstimmen (z. B.: 22. März 1974)

  - **Ersttag-Zusatzstempel**: Um Ersttagsstempel als solche deutlich hervorzuheben, wurde ein offizieller Zusatzstempel eingeführt. Er durfte nur an Ersttagen, neben der Marke und gemeinsam mit den entwertenden Stempeln angebracht werden. Er weist keinerlei Orts- bzw. Datumsangaben auf, daher hat er auch keine postalische Bedeutung sondern nur eine philatelistische. Obwohl er Ersttagsstempel genannt wird, sollte er mit dem Ersttags-Tagesstempel nicht verwechselt werden.

- **Orts-Ersttagsstempel**: Tagesstempel, bei dem das Datum und der Ort (zum Beispiel 4010 LINZ, 22. März 1974) mit dem Anlass der Briefmarkenausgabe übereinstimmt

- **Ersttag-Sonderstempel**: Sonderstempel, bei dem das Datum und der Anlass des offiziellen Sonderstempels der Postverwaltung mit der Briefmarke übereinstimmt, in diesem Beispiel wurde ein Sonderpostamt eingerichtet, das während einer gewissen Zeitspanne den Sonderstempel „Eröffnung Brucknerhaus Linz am 22. März 1974" verwenden durfte. Wurde die Marke jedoch am 23. März 1974 oder später mit diesem Stempel entwertet, so gilt er nicht mehr als Ersttagsstempel sondern nur mehr als Sonderstempel, Ersttag der Briefmarke war der 22. März

- **Ortsersttag-Sonderstempel**: Sonderstempel, bei dem der Ort, das Datum und der Anlass des offiziellen Sonderstempels der Postverwaltung mit der Briefmarke übereinstimmt

- **Ersttag-Werbestempel**: Sinngemäß wie oben, der Stempel wurde aber nicht von der Postverwaltung, sondern einer Firma, einem Veranstalter, etc. in Auftrag gegeben.

30.04.1930

18.04.1934

31.12.1935

11.10.1935

31.12.1935

02.10.1935

05.10.1935

14.11.1935

26.11.1935

30.05.1935

23.12.1934

22.12.1934

18.18.1935

11.1935

01.10.1936

19

05.09.1935

01.01.1935

10.12.1935

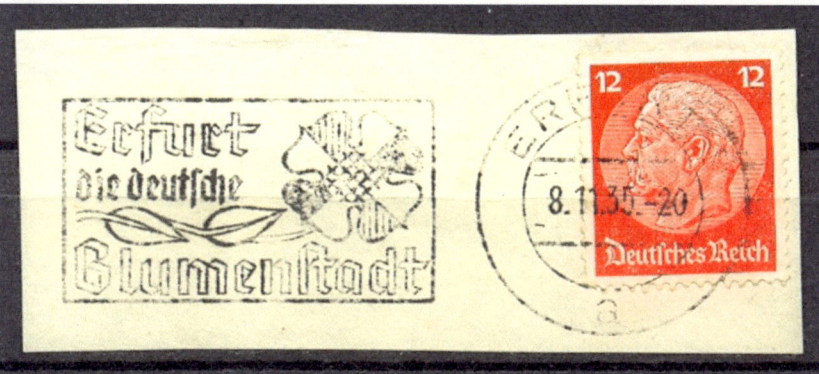

08.11.1935

26.03.1935

26.10.1935

1935

19

15.01.1936

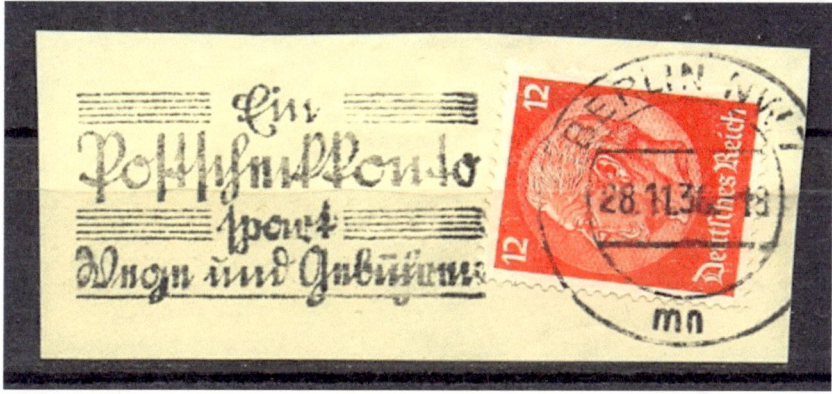

28.11.1936

04.03.1936

02.11.1936

04.10.1935

04.10.1936

12.11.1936

01.11.1935

18.04.1935

09.07.1936

08.12.1936

12.02.1936

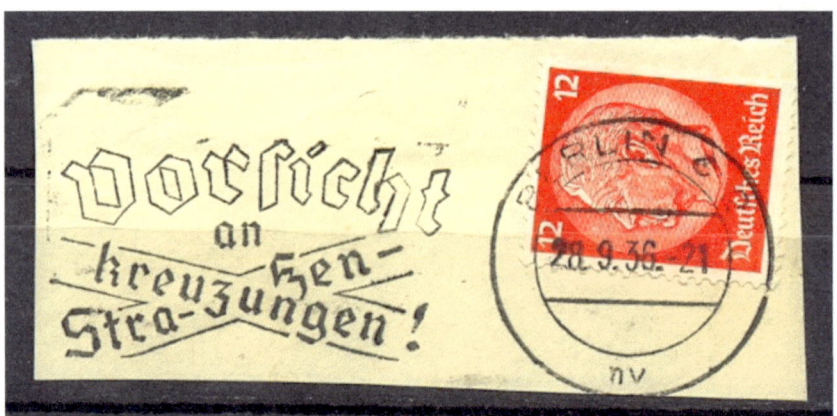

28.09.1936

13.11.1936

12.10.1936

05.10.1936

18.09.1936

26.10.1936

22.02.1937

24.12.1937

13.03.1937

27.03.1937

27.10.1936

27.11.1936

24.01.1936

07.10.1936

29.12.1937

13.02.1937

17.04.1937

27.10.1937

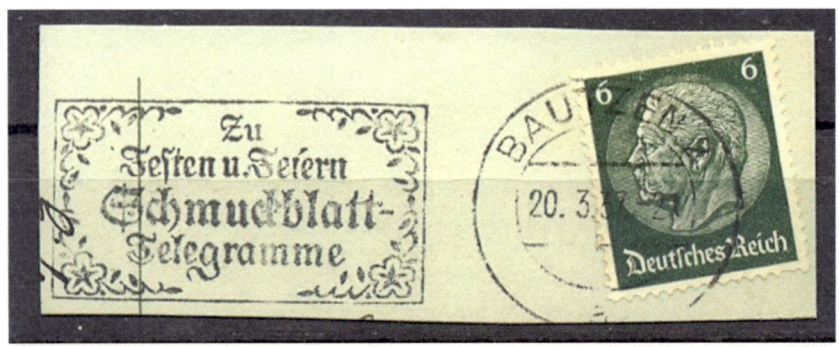

20.03.1937

11.09.1937

07.12.1937

12.193

30.10.1936

07.08.1937

02.06.1937

11.02.1937

23.01.1937

28.01.1937

16.11.1937

20.03.1937

03.01.1937

28.05.1937

03.02.1937

08.08.1937

29.04.1937

19.10.1939

15.08.1938

20.06.1938

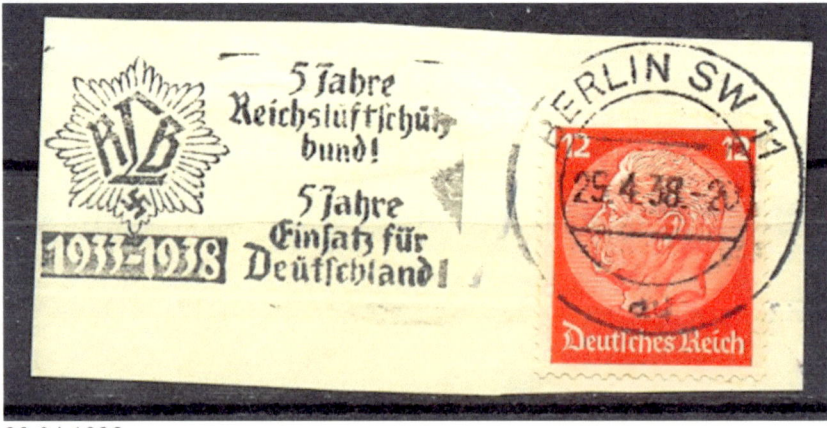

29.04.1938

14.04.1938

23.09.1938

29.05.1937

12.03.1937

12.03.1937

11.03.1937

27.07.1938

03.06.1938

28.01.1938

13.08.1938

04.08.1938

12.09.1938

30.08.1938

04.11.1938

25.10.1939

31.08.1939

29.04.1939

11.05.1939

24.01.1940

17.09.1940

10.08.1940

04.06.1938

08.12.1939

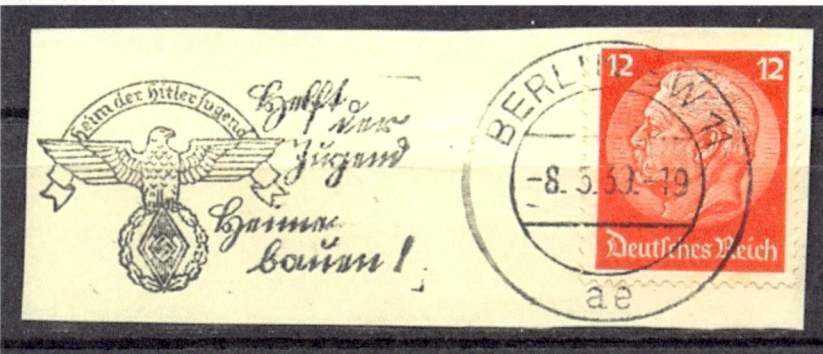

08.05.1939

23.08.1939

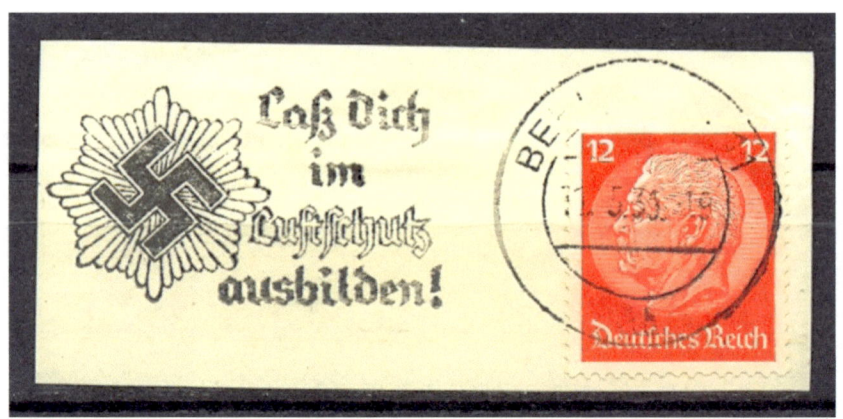

11.05.1939

In jedes Paket
Iein Doppel der
Aufschrift einlegen!

21.05.1940

19.07.1940

07.08.1940

12.02.1940

13.01.1940

29.10.1941

19.12.1942

24.08.1942

09.1943

03.11.1944

03.10.1940

21.08.1941

10.1942

11.10.1940

21.03.1943

Herstellung und Verlag
Books on Demand GmbH
ISBN: 9783842369139
1. Auflage